Dominik Grunau

Kirschblütenregen

Briefe an einen lieben Menschen

Gewidmet
in Dankbarkeit
für ihre liebevolle Hilfe
in allen Lebenslagen

meiner Mutter
und
der Geschmeiß

In Erinnerung an
Achim Dugge
und
Blues

DOMINIK GRUNAU

Kirschblütenregen

Briefe an einen lieben Menschen

Gedichte Band 1

Bibliografische Information der Deutschen Nationalbibliothek:

Die Deutsche Nationalbibliothek verzeichnet diese Publikation in der Deutschen Nationalbibliografie; detaillierte bibliografische Daten sind im Internet über http://dnb.dnb.de abrufbar.

© 2020 Dominik Grunau
Lektorat/Korrektorat: Theresia Grunau
Umschlaggestaltung/Illustration: Dominik Grunau
Fotografie: David Kleuckling

Herstellung und Verlag: BoD – Books on Demand, Norderstedt

ISBN: 978-3-7519-1824-4

Inhaltsverzeichnis

Prolog

Ich begegnete heiligen Männern, laß heilige Bücher, betrat heilige Orte, betrachtete heilige Bilder, empfing heilige Zeichen und berührte noch heiligere Gegenstände.

Doch hinter all den Fassaden, Meinungen und Mauern gab es nur eines, was wirklich als Heilig zu bezeichnen würdig verblieb. Das Leben selbst. Denn was nützet all der heilige Schein, wenn ich nicht heilige das Sein?

Und in mühseligem Ringen bestelle ich eifrig die Oberfläche meiner kleinen Welt, auf der die Blätter sprießen und fallen, um erneut zu sprießen und zu fallen. Und ich träume von den Sternen, die mir so groß erscheinen und so weit entfernt. Ich selbst fühle mich unwert und klein. Kann das das Leben sein?

Ein Mensch, der nur nach Außen strebt, stirbt und hat doch nie gelebt. Des Strebens Mühsal ist vergebens, kennt er nicht den Sinn des Lebens.

Wie sich das eine Licht in dem Regenbogen bricht und doch als eins verbleibt, so teilt sich der eine Sinn in fünf und ist doch nur einer.

Kapitel 1

Briefe an das Leben

Kirschblütenregen

Einst hieß ich ihn mein Freund,
mein guter Kamerad,
der treueste und beste,
den ich je gehabt.

Einst hieß ich ihn,
dann ließ ich ihn,
die Jahre trieben mich
auf einsamen Wegen dahin,
wie Kirschblütenregen im Wind.

Einst lachten wir und weinten
und unzertrennlich einten
die Sonne und der Regen
uns im Spiel und freudigem Bewegen,
obgleich die Tage schnell zerronnen,
jeder Vorwand kam gelegen,
einmal albern, dann versonnen,
zu genießen diesen Segen,
der, obgleich Erinnerungen trösten,
zusammen mit den anderen
im Staub vermischt erscheint,
in kleinen Wirbeln,
beim durch die Straße fegen
als Kirschblütenregen.

Es wird

Hörst du, wie es Frühling wird,
die Knospen, Blätter, Blumen sprießen,
ein warmer lauer Frühlingswind,
die Bächlein wieder fließen.

Und Flieder sprüht den süßen Duft,
die Vögel künden an,
ein laut Konzert hallt durch die Luft,
es freut sich Jedermann.

Es dauert nicht lang, dann ist es soweit,
dass wir den Garten hegen,
die schöne, warme Sommerzeit
bringt Sonne und den Regen.

Frühjahrsmelodie

Das Jahr beginnt
mit Schnee und Eis
und frischem Wind,
um alles zu reinen.

Und erst mit Tau,
dann mit Frische,
der Himmel strahlt blau,
und so viele Wünsche
tröpfeln, wie warmer Regen herunter,
und langsam zerspringen die Knospen,
aus munter wird bunter,
aus heiter wird weiter,
den Winter verwund er,
die Raupe zum Falter.

Und dies ist die Zeit,
der Frühjahrsmelodie,
so wird sie klingen,
wie noch nie,
durch ihre ganze Farbenvielzahl,
es strahlt die Sonne,
wie ein Spielball,
auf ein sattes Rosenbeet,
der Frühling kommt niemals zu spät.

Gegenwart

Die Wolken zieh'n,
der Regen tränkt das Feld,
das Korn, die Gräser sprießen.

In dieser Friedensstille
steh' ich selbst,
in meiner Seele schwingt die Welt.

Es rauschen kalte Bäche,
zieh'n vorbei,
der Regen tränkt die See

und gleich
schieben Wellenreiter, seicht,
die Nebel fort
und der dunkle Sand wird Licht,
es glänzt das Meer.

So frage lieber nicht nach morgen,
schaue lieber nicht zurück,
freue dich, genieß' die Schönheit,
lebe jeden Augenblick!

Der Regenbogen

Und dann gehen dort die Großen,
Erwachsenen ganz ohne Ziel
und reden, reden ohne was zu sagen,
viel zu viel.
Und sie gehen und sie schauen,
doch die Augen sind bedeckt
und sie achten nicht der Kinder,
die dort lachend tanzen, springen.
Diese hatten ihn entdeckt.

Kapitel 2
Briefe an mich

Reifezeit

Nun bin ich erwachsen geworden,
wie all die Erwachsenen vor mir.
Vorerst noch spielend,
der Teddy in der Ecke,
mit viel Phantasie,
die bunten Gardinen, Bauklötzchen
und Autos.

Von irgendwo streift ein
schwüler Hauch,
dem ich nicht entrinnen kann,
dabei verschwand ich heimlich
nach innen.

Niemand hat mich seither
je gesehen.

Nun ist nichts mehr wie es einst war,
mein kindlicher Sinn verloren, die Freude
zerstäubt.

Ach, könnt' ich noch einmal unter dem
Tannenbaum sitzen
und arglos, rein die Spielsachen nützen!

In dem Moment

Wo sind sie nur, die Tage,
als ungetrübt, vergnügt,
ich einst genoss,
in des Lebens Schoß geborgen.
Nun plagen mich die Sorgen,
von dem Gestern und dem Morgen.
Und doch fällt wieder Nass
vom Himmel und wäscht rein
die Luft und fast
spüre ich in dem Moment:
Ich bin wieder Kind.

Dies ist also nun
das Wort meines Lebens,
wie eines jeden Wesens Atem fließt,
darf auch ich es tun.
Wie zahlreich eines Baumes Kron
die Blätter trägt,
so zeigt sich auch in meinem Haupt
weit verzweigtes Werk,
dass sich bei kleinstem Hauche schon
mal hin und her bewegt.

→

Dies ist also nun
der Ort meines Lebens,
wo das weit verzweigte
in diesem einen Kerne,
tief in mir, seinen Ursprung fand.
Diesem Samen, der mich einst verband,
dem Allgesetz,
das Heimatland in weiter Ferne,
koste ich der Sehnsucht Träne Tropfen,
bitter in dem enggemaschten Netz.

Der Träumer

Durch meine Seele pulst das Herz des Träumers,
der viele Welten schon bereist,
der viel gesehen,
trotzdem nicht alles weiß,
noch nicht satt gesehen,
weder sesshaft heißt.

Durch meine Seele pulst die Sehnsucht
nach Zuhaus',
nach Frieden und nach Glück,
nach der Heimat stets ich lausch'.

Und es ziehen die Wolken,
ich sehe sie und frage:
Habt ihr jemals Angst?
Fröhlichkeit bestimmt ihr Sein,
was bestimmet mein?

Wer bin ich und
was bin ich genau?
Vom Körper wohl Mensch,
verstandmäßig schlau.

Hier nun hier,
selbst wenn unangenehm es scheint,
ist mein Leben.
Auch der Träumer muss erwachen
und von seinen Träumen geben,
eh' sie nutzlos werdend gehen,
dieser Abglanz reiner Bilder Segen.

Ich vermisse mich

Ich vermisse mich,
schmerzlich,
wo bin ich nur hin?
So weit, so fremd, so entsetzlich,
als ich fragte, wer ich bin,
ob ich meinen Namen kenn',
noch weiß, was ich mein Eigen nenn'.
Freude, ach, wo bist du hin!
Heute ist getrübt der Sinn,
weil ich mir so fehle.
Tränenschwer gebeugt, die Seele.
Es ist nicht Leben,
noch das Sterben,
weder Geben,
noch Erwerben.
Es ist Gram und Scham und Schmerz,
denn ich schulde mir mein Herz.

Fragen

Wo steh ich jetzt,
wo soll ich hin,
was ist der Weg,
und was der Sinn,
wo ist die Antwort aller Fragen?

Die vielen Gedanken
fressen mich.
Was darf ich tun,
was darf ich nicht,
wann fang' ich endlich an zu leben?

Wer bin ich,
wer der Mann im Spiegel?
Mein Seelenkleid gleicht einem Igel.
Wieso weiß ich meinen Namen nicht?
Sieben Bücher und ein Siegel.

Mit den Füßen durch den Sand,
durch Wellen und durch Wind,
will ich spielen, wie ein Kind,
mit sonnigem Gewand.

Bis im Dunkeln Sterne funkeln,
will ich atmen, will ich fliegen,
will ich meine Angst besiegen,
will ich viele Freunde finden,
mit ihnen alles überwinden.
Leben dir ergeb' ich mich.

Kapitulation

Es war wieder soweit,
ein trüber Montag,
Ich schrei dich an,
und schrei mich an,
Es ist so wie sonst,
altes Laster holt mich ein,
und ich kann kaum mehr flieh'n,
ich lasse mich zieh'n,
ich lasse mich geh'n.

Wieder verloren,
den Hängen ergeben,
wieder verloren,
den Süchten erlegen,
wieder verraten,
mein Selbst,
den guten Vorsatz,
er wird zum Nachsatz,
der stumm verhallt.

Dann ärgere ich mich selbst,
und nächstes Mal wird's anders,
ich ärgere mich, weil ich weiß, dass ich lüge,
ich ärgere mich selbst
und krieche am Boden,
ich will doch besser sein,
Bitte hilf mir auf!

Wieder

Wann nur, wann,
wo war ich nur?
Und dann,
bin ich plötzlich wieder.

So viele alte, neue Lieder,
spiele mir mein Lied, mein Leid,
durchdringend meine müden Glieder.

Den Weg, erst düster,
lief ich still
und schwamm auf dunklem See,
weil sie sein will, die mich behüte,
in einer Rosenblüte.

Und was ich hüte?
Ein kleines Flämmchen Feuer,
was mich führt ins Abenteuer,
was meinen Schwingen schenkt,
ein neu Gefieder,
was mich tief ins Leben senkt.
Erst war ich tot,
nun bin ich wieder.

Mein inneres Kind

Willst du für mich da sein,
wenn ich in den Spiegel schau'?
Willst du mir nah sein?

Willst du mich halten,
wenn ich Halt brauch,
mich gestalten,
wenn ich Gestalt brauch,
und zwingen mich dunkle Gewalten,
beschützt du mich dann auch?

Teilen wir das Brot,
teilen wir die Not,
teilen wir den Tod?

Kannst du mich streicheln,
wenn ich mir nicht sicher bin,
mir schmeicheln,
wenn ich voller Zweifel bin,
und mich liebevoll betrachten,
wenn ich versagt zu haben sehe,
und nimmst mich sachte bei der Hand,
auf das ich wieder stehe
und auf immer Seit' an Seit',
mit dir im Leben gehe?

Lebenstraum

Ich fürchte mich zu träumen,
aus Angst, die Zeit, die mir gegeben,
zu vergeuden. Und so führe ich ein Leben,
dass mich kalt in leeren Räumen,
warten und auch sinnen lässt,
ohne wahren Sinn zu heben,
zu empfangen, oder zu geben,
nur Angst, die unbekannte Plicht,
durch Lebensträume zu versäumen.

Hoffnung

Und still, scheinbar einsam,
gehe ich meiner Wege.
Und doch so erfüllt,
von Freunden umringt,
haucht ein Wind
einen Rest Asche von meiner
neugeborenen Seele.
Und wie zwei Glocken
rufen im Winde,
schwingt ein Gleichklang
aus Sehnsucht in mir
und lässt mich Frieden,
erahnend als Hoffnung,
finden in Dir.

Abschied

Wenn im Herbst die Winde weh'n,
und die Blätter rot sich trennen,
wenn im Wald ein Raunen geht,
um die Zapfen von den Tannen,
so auch ich mich lösen will,
von allem Unrat, allem Müll,
den ich meint' zu haben müssen,
ohne Sinn und ohne Nutzen,
räume auf, mein Geist wird frei,
bäume auf, die Kräfte fließen.
Sag', auf nimmer Wiedersehen,
oh, ihr bitter-süßen Lasten,
lass' mein altes Leben gehen,
verwerfe alle meine Masken,
und sage stolz und frei zugleich,
und sanft und gut und freudig,
in Demut und mit reinem Herz:
Hier bin ich, ich bin Dein!
So weht der Herbstwind kühl, doch klar
und hilft mir meiner Sinne,
im bunten Farben-Blätterspiel,
die vollen Klänge,
ein rein Gewissen,
wie schwer mir auch der Abschied fiel,
ihn möchte ich nicht missen!

Neubeginn

Doch enden heißt auch
wieder neu zu beginnen,
mit Regung im Bauch,
wie guten Gefühlen,
mit warmem Herzen,
und neuem Vertrauen,
such ich statt Sand
nun Fels zu bebauen.

Lust auf Leben

Heute hab' ich Lust auf Leben,
Lust mein Schicksal neu zu weben,
Lust zu lachen und zu weinen,
mich dem Lichte zu vereinen,
Lust zu reden und zu schweigen,
singend tanzen einen Reigen,
Lust zu atmen und zu essen,
mich nach neuem Maß zu messen.
Lust hab' ich auf Wasser, Regen,
mich in der Sonne zu bewegen,
mal auf, mal ab,
ob dunkel, ob hell,
umarme ich die ganze Welt.
Lust hab' ich, dir zu vergeben,
Lust hab' ich im Tanz zu schweben.
Und alle Freunde stimmen ein:
Danke, ich hab Lust zu sein!

Kapitel 3
Briefe an Dich

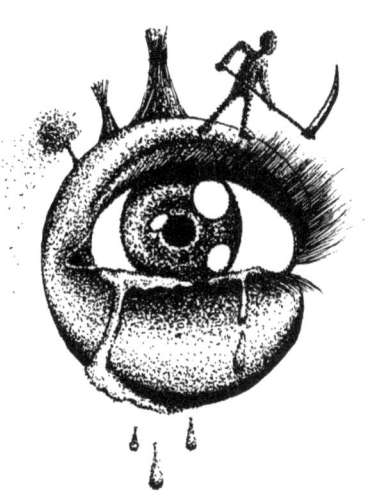

An Dich

Ich war einsam, in meiner Welt.
Klein war sie, das Fenster verschlossen.
Ich spielte Lieder unverdrossen,
unter meinem Sternenzelt.
Leben suchend in der Weite,
tat ich Tür und Fenster auf.
Hörst du mich, ich höre dich,
auf jeden Tones Saite,
der tief in meine Seele dringt
und wo ich schlief, mich weckt,
mir Balsam bringt, wo ich mich quäle
und ruft, was in mir steckt.
Was trennt ist dünner als Papier,
das Fenster, eine Illusion,
denn nun weiß ich, dass immerschon
du bist, ein Teil von mir.

Im Spiegel

Ich habe mich verliebt in Dich,
jetzt lerne ich, verstehe mich,
der ich mich sehe lediglich,
in deiner Seele ewiglich.

Valentinsgruß

Wenn ich Deinen Namen denk',
ist es mir, wie ein Geschenk.
Und wenn ich mich in dir berühr',
ich mich wieder spür'.
Wenn ich mich in deinen
Augen seh' und versteh',
mit meiner Hand in Deiner geh',
dann sagt mein tief verwundet Herz
mir immerzu:
Darum Du!

Wer ist es nur?

Zwei Tauben auf dem Dach,
leise höre ich sie gurren.
Das Kätzchen neben mir,
ist nunmehr am schnurren.
Gekitzelt Bauch und Rücken,
das kann sie entzücken,
wird sie gestreichelt,
wenn auch nur sanft,
fühlt sie sich geschmeichelt,
und liegt wie gebannt
und wartet was da noch geschieht,
will träumen noch weiter,
schnurrt leise ihr Lied.

Du bist Ich

Ich mag Dich,
einfach,
weil ich Dich mag.
Ganz ohne Argument,
ganz ohne Vertrag.
Und ich liebe Dich,
zweifach,
als Teil meiner Welt,
als Welt meines Selbst,
also dreifach.

Nennt ihr das Liebe

Nennt ihr das Liebe,
wenn zwei Menschen sich verbinden,
im wilden Tanz der Sinne,
im Freilassen der Triebe?
Und diese zwei sich stützen,
vor Alltagsnot sich schützen,
so dass kein Wunsch noch offen bliebe,
nennt ihr das Liebe?

Oder sprecht von Seele und von Herz,
von Geist und Göttlichkeit sogar,
und traget auch des anderen Schmerz,
dünkt euch dabei wunderbar,
preiset selbstlos euch zu sein,
doch wehe dem, der euch erinnert
Mensch zu sein und empöret
wünscht ihr ihm die größte Pain.

Und hilft einer dem anderen
in Zeiten großer Not,
nicht lange, so spricht jede Zunge
gegen das Gebot.
So sind dann doch die einen
der anderen Geschichte Diebe
und nur als nächstes sich.
Nennt ihr das Liebe?

→

Von Treu bis in den Tod
kann wohl kaum die Rede sein,
wenn schon der kleinste Vorsatz bot
Gelegenheit zum Sturz allein.
Es suche also der sich sehnt
nach wahrer Liebeskraft,
ohne, dass er zu wissen wähnt,
zu begreifen, wie es schafft,
das große Welten-All-Getriebe,
denn was es treibt nennen wir Liebe!

Feuer für Zwei

Wandeln! Wandeln durch neblige Gassen.
Straucheln! Straucheln in einsamen Straßen.
Einsam! Einsam und fliehend zu fassen.
Zweisam! Als wir ganz dicht am Feuer saßen.

Kühle Tröpfchen am schwarzen Klee,
wärmende Glut – Kohle wie Schnee.
In Gruppen gehortet und doch allein,
zu zweit als wollt man 's immer sein.

Schwere Augen tief wie Schluchten,
Nachts, wenn 's aus den Gullis raucht,
schlafen, ruhen unendliche Weiten.

Angelehnt, dein Kopf an meinem Bein,
wie als wär 's schon immer.
Man ist nicht mehr allein.

Was soll ich davon halten?

Na, was soll ich denn davon halten,
kann ich mich denn so zerspalten?
So unterschiedlich viele Gewalten
ließen einst mein Herz erkalten.

Doch du hast es geschafft,
durch seltsame Kraft,
meinen Blick erneut zu richten
und den alten Streit zu schlichten.

Nun wart' ich ab, was noch geschieht
und schreib' auf dich ein Liebeslied.

Bei mir

Die Welt da draußen, die ist anders,
Obwohl du willst und weiter wanderst,
irgendetwas will nicht passen,
will dich nicht in Ruhe lassen.
Im Spiegel nur eine künstliche,
fast kunstvolle Fassade.
So fremd bist du der Welt,
dass sie dich fast vergessen hat.
Bist du bei mir, kannst du "du" sein,
oder einfach mal "nur" sein.
Du kannst auch mal laut oder leise sein,
oder auch groß, oder klein.
Bei mir kannst du traurig sein,
aus tiefster Seele
und auch mal lachen,
aus voller Kehle.
Bei mir kannst du allein sein,
oder zu zwei'n.
Bei mir kannst du ängstlich
und ohne Schminke sein.
Bei mir kannst du dir einig sein,
oder auch streitig und beleidigt.
Du darfst bei mir echt sein,
auch gerne selbstgerecht sein
und auch mal auf dich selber schimpfen,
verzweifelt gegen Windmühlen kämpfen.
Bei mir kannst du entdeckt sein,
brauchst nicht mehr versteckt sein.
Bei mir kannst du im Licht sein
und wir können uns dicht sein.

Doch schöner bist du

Stille.
Ich höre nur das Schreien vom Reiher.
Sanfter Wind streichelt das Gras.
Die Sonne betrachtet sich eitel im Wasser.
Strahlend lächelt mir der Himmel zu.
Doch schöner als das,
schöner bist du!

Ein Liebesgedicht

Ein Schwan erhebt sich an diesem Tag,
ein Schwan, den ich besonders mag.
Sein Federkleid ist weiß und rein,
der Gang ist wohlig, stolz und fein.
Er schwebt, so leicht erhebt er sich.
Du seltener Schwan, ich liebe dich.

Kapitel 4
Briefe an uns

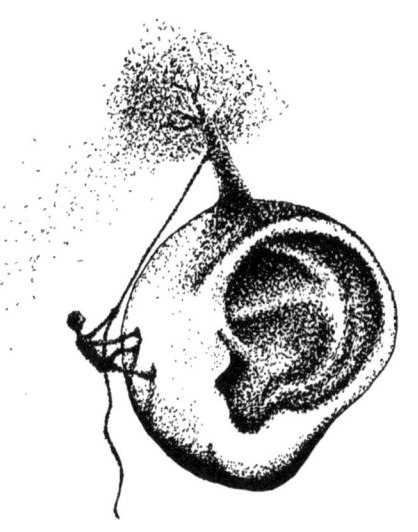

48

Berg und Meer

Berge bergen und lassen mich
geborgen sein.
Geborgen im Gebirge
finde ich Rast und Sicherheit.

Am Meer finde ich Offenheit
und Weite, tiefster Weisheit Lehr',
eine Lust, den Durst nach Heute,
und die Sehnsucht nach noch mehr.

Der Kompass

Das Schiff meines Lebens
steuert planlos, ziellos,
ergibt sich den Wellen und dem Wind,
lässt sich treiben, völlig haltlos.

Denn wohin sollte die Reise gehen,
welchen Hafen lauf' ich an?
Welches Ziel hab' ich gesteckt,
was sage ich dem Steuermann?

Vielleicht sollt' ich ihn suchen,
meinen alten Kompass unter Deck,
den mein Vater mir einst schenkte,
für die Reise, zu dem Zweck,
dass den Weg nach Haus' ich finde,
durch tolle See und raue Winde,
doch derzeit ist er noch weg.

Auf der Spur

Ich bin auf der Spur des Lebens,
eindeutig, es war hier.
Immer unterwegs, auf Suche,
unterwegs zu mir.

Unterwegs mich neu zu sehen,
lernen meinen Weg zu gehen,
unterwegs mit freiem Sinn,
spüren wer ich selber bin.

Unterwegs den Spuren folgend,
zogen Schwarz und Weiß vorbei,
und ich sah, das Leben lebt
in Einem nur aus Zwei.

Heuchelei

Ich lebe in einer Welt,
die sich selbst darin gefällt,
sich rechtschaffend zu geben,
doch ohne jedes Leben.
Die dem Nächsten in ihrem Wahne flucht,
keine Fehler in sich sucht,
die Disziplin im Außen loben,
derweil im Innern Stürme toben.

Heimat

Steht mir der Sinn im großen Kreisen
still, mir weh in Einsamkeit,
so gesell' ich mich dem Leisen,
hörend alle Weisen,
die liebevolle Hände
spielen auf den greisen
Saiten meiner Seele Kleid.

Das Kloster am See

Lange durft' ich sein,
ein Mönch an den Ufern
eines kleinen Sees.

Seine rhythmengleiche Ruhe
brachte Raum für mich
und Stille und

er zeigte mir ein Mönch
zu sein, in diesem Kloster,
in mir.

Jetzt

Gedanken sind Vergangenheit,
Ängste sind die Zukunft.
Nichts davon ist Wirklichkeit,
nichts gewährt dir Auskunft,
über das, was Leben ist,
oder wer du selber bist.
Wenn du in deiner Suche hetzt,
verpasst du stets den Sinn im Jetzt.

Friedensstille

Und erneut darf ich sie hören,
diese Friedensstille,
darf sie leben, darf sie atmen,
wie die Vögel sie besingen,
in tausend reinen Chören.

Oh, wie lang hab ich ersehnt,
die Gnade frisches Heu zu riechen,
zu lachen, zu weinen, zu niesen,
zwischen bunten Blättern tanzend,
zwischen all der Liebe stehend,
zu sehen, wie die Gräser sprießen.

Und erneut steht sie mir offen,
diese Tür im Morgenlicht,
darf sie durchschreiten, weiter ziehen,
Lichtstrahl kitzelt mein Gesicht.
Endlich kann ich wieder hoffen.

Feiere das Leben

Feiere das Leben,
feiere dich selbst,
denn das, was dich berührt,
ist es, was dir hilft,
was deine Sehnsucht schürt,
mit großer Wucht
die Ketten sprengt,
die das Schicksal dir gegeben.
Liebe ist es und Vergeben,
so du dir wertvoll bist.
Drum feiere das Leben!

Epilog

Und wenn mir durch mein Leben eines klar geworden ist, dann dies:

Ich versuche im Außen mehr zu sein, als ich im Inneren bin, ohne zu bemerken, dass ich im Inneren mehr bin, als ich im Außen sein möchte.

Denn die Außenwelt ist nicht mehr, als ein Kirschblütenregen.

Danksagungen

Besonderer Dank geht an Heike und Michael, die mich in ganz vielerlei Hinsicht unterstützen, mit Rat und Tat zur Seite stehen und ohne die ich jetzt nicht da wäre, wo ich jetzt bin. Sie haben mir nicht nur Starthilfe gegeben, sondern begleiten mich auch auf meiner Reise, nehmen Anteil an allen Hochs und Tiefs und gehören zu den Fans der ersten Stunde. Treu und gewissenhaft könnte man sie charakterisieren. Und ich freue mich sehr, dass sie meine Arbeit so hoch schätzen und sich immer wieder von neuem begeistern lassen können.

Ein Dankeschön natürlich auch an die beiden dazugehörigen vierbeinigen Buddhas, die nicht nur mit gelegentlichen Lebensweisheiten aufwarten, sondern auch immer zwischendurch für Abwechslungen zum Schmunzeln sorgen.

Danke an alle, die mich unterstützt und bestärkt haben meinen Weg zu gehen. Besonders an meine Mutter für ihr immer offenes Ohr, die Mithilfe bei der Realisierung des Projektes und ihre Großzügigkeit.

Vielen Dank an meine Schwester, die ein ausgesprochen wertvoller und großartiger Mensch ist, dafür, dass ich mit ihr die bisher schönsten Momente meines Lebens erlebt habe.

Gedichteverzeichnis

Vorschau

Weitere Publikationen von
Dominik Grunau

GTNI/EAN/UPC: 4050215854314

Das komplette Album ist als Stream oder Download auf allen bekannten Plattformen verfügbar.

als Download nur:
11,99 €

als CD:
13,99 €
zzgl. Versd. (zu beziehen über www.dominikgrunau.de)

Ruhige und beruhigende Klaviermusik. Schenken Sie sich selbst etwas Zeit mit sich.

Streicheleinheiten für die Seele.

GTNI/EAN/UPC: 4050215711228

Das komplette Album ist als Stream oder Download auf allen bekannten Plattformen verfügbar.

als Download nur:
12,53 €

Jeder Titel ist natürlich auch einzeln erhältlich.

Seit über 15 Jahren mache ich nun schon professionell Musik. Ich komponiere und arrangiere. Auf diesem Album finden Sie die besten Werke aus dieser Zeit zusammen gefasst. Epischer Soundtrack, mystische und ruhige Atmosphäre, oder wilde Jagd. Hier ist alles dabei.

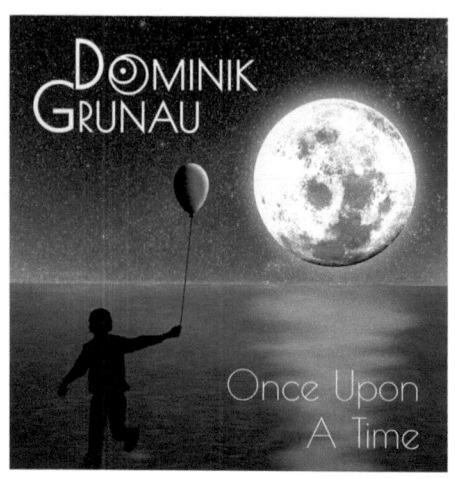

GTIN/EAN/UPC: 4050215675988

Die Single ist als Stream oder Download auf allen bekannten Plattformen verfügbar.

als Download nur:
0,99 €

Weitere Informationen zu aktuellen oder künftigen Projekten finden Sie auf:
www.dominikgrunau.de

Wollen Sie mich buchen für ein Live-Event, oder sind Sie interessiert an einer Zusammenarbeit, dann schreiben Sie mir:
info@dominikgrunau.de